Ben entreprend la natation

. courage*.

md

Ben et Théo vont à leur cours de natation ce matin.

Oui. Je pense à la natation.
BEURRE D'ARACHIDES croquant

C'est l'heure de partir.
Es-tu prêt, Théo ?

Oui !

Le moniteur nous a dit que nous irions dans la partie profonde* de la piscine, aujourd'hui. Ça me fait peur...

La partie où nous avons de l'eau par-dessus la tête ?
Oui !

Julie attend Ben et Théo
à l'entrée de la piscine.

CINE MUNICIPALE
Plus ou moins bien. Ben a peur d'aller dans la partie profonde* de la piscine !

J'ai hâte de voir comment tu réagiras quand ce sera ton tour, Théo...

Je comprends Ben. Moi aussi, j'avais peur.
Excuse-moi, Ben. Je ne voulais pas te faire de la peine.

Il reste moins de quinze minutes au cours. C'est le moment pour le groupe de s'aventurer dans la partie plus profonde* de la piscine.

Je ne veux pas y aller. Je vais couler au fond !
Ben, réfléchis. Il y a certainement une solution...

Aide Ben à choisir un mot qui lui permettra de réussir.

patience*
discipline*
courage*

Ben choisit le courage*.

C'est une bonne idée, Ben. Dans le pire des cas, tu avaleras un peu d'eau et ton moniteur viendra t'aider.
courage*

Julie, viens me rejoindre. C'est amusant !

J'y vais aussi avec mes flotteurs.

Ben se dirige vers le tremplin*
de la piscine.

Je vais être courageux deux fois plutôt qu'une. J'essaie le tremplin*!
Allez, Ben!

Grâce au courage*,
Ben a vaincu sa peur de l'eau profonde* et il a même sauté du tremplin*.

Questions :

1. Où se trouvent Julie, Ben et Théo ?

2. Qui encourage Ben quand il monte sur le tremplin ?

3. De quoi Ben a-t-il peur ? Pourquoi ?

4. Que penses-tu du courage ? Es-tu courageux ?

5. Combien comptes-tu de planches orange sur le bord de la piscine à la page 12 ?

Définitions :

* Courage :
  Capacité à surmonter sa peur, force de caractère devant un danger.

* Discipline :
  Règles de conduite qu'on s'impose, sens du devoir.

* Entreprendre :
  Commencer quelque chose.

* Patience :
  Qualité de quelqu'un qui sait attendre calmement et qui fait face aux difficultés sans se décourager.

* Profond(e) :
  Creux, dont le fond est éloigné de la surface.

* Tremplin :
  Planche à partir de laquelle on peut sauter ou plonger.

Réponses :

1. Julie, Ben et Théo se trouvent à la piscine.

2. Julie encourage Ben quand il monte sur le tremplin.

3. Ben a peur de l'eau profonde. Il a peur d'avoir de l'eau par-dessus la tête et de ne pas réussir à nager.

4. Les réponses positives appuyées par des arguments cohérents sont bonnes.

5. Il y a trois planches orange sur le bord de la piscine.

Ben entreprend*

un feu de camp

. solidarité*.

Aux gens de Lac-Mégantic, ma région, qui font preuve de solidarité.

Julia

Les vacances d'été
commencent !
Les enfants fêtent la
fin de l'année autour
d'un feu de camp.

Nous allons avoir plein de temps pour faire des activités !
J'adore l'été !

J'ai une idée : nous allons griller des guimauves sur le feu !

Julie se dirige vers la maison pour aller chercher des guimauves. Ben va chercher du bois.

D'accord !

Julie apporte un sac qui contient des guimauves, des croustilles, une couverture et une lampe de poche.

J'ai plein de bois!

Théo, où sont les baguettes ?

Je ne les ai pas.
J'ai peur, il fait trop noir.

Ben, Théo et Julie se regardent, songeurs.
Il fait très noir et ils ont tous peur d'aller dans les bois.

Nous aussi, nous avons peur. Réfléchissons un peu...
Nous ne mangerons pas de guimauves grillées ?

Aide Ben à choisir dans le sac un mot qui l'aidera à réussir son projet.

leadership*
créativité*
solidarité*

J'ai trouvé ! Nous irons chercher les baguettes ensemble. Comme ça, nous aurons moins peur.

Ben choisit la solidarité*.

solidarité*
croustilles
aux tomates

solidarité*

Allo !

solidarité
Bravo !

Les enfants ont tout ce dont ils ont besoin. Une belle soirée commence !

Grâce à la solidarité*,
Ben, Théo et Julie ont profité
de leur soirée et dégusté
de bonnes guimauves grillées !

Questions :

1. Où se trouvent les guimauves ?

2. Qui va chercher le bois ?

3. Pourquoi Théo n'est-il pas allé chercher des baguettes ?

4. Comment les enfants utilisent-ils la solidarité ?

5. Que penses-tu de la solidarité ? Es-tu solidaire ?

6. Combien d'animaux nocturnes se cachent dans les bois au bas de la page 42 ?

Définitions :

* Créativité :
  Imagination, capacité d'inventer.

* Entreprendre :
  Commencer quelque chose.

* Leadership :
  Capacité de donner la direction à un groupe.

* Solidarité :
  Lien d'engagement et de dépendance entre des personnes.

Réponses :

1. Les guimauves sont dans la maison.
2. Ben va chercher le bois.
3. Théo avait peur d'aller seul dans les bois une fois la nuit tombée.
4. Ils décident d'aller dans les bois ensemble.
5. Les réponses positives appuyées par des arguments cohérents sont bonnes.
6. Il y a neuf animaux nocturnes.

Ben entreprend*
le piano
. dépassement de soi*.

Ben est content ! Il a sa première leçon de piano cet après-midi !

Théo, dépêche-toi, maman doit me conduire à ma leçon de piano. Je ne veux pas être en retard !
Oui. J'arrive !

Je suis trop excité ! Ça fait plusieurs semaines que je veux apprendre à jouer du piano !

Allo, les cousins !
ÉCOLE
COURS DE PIANO
Je reviens vous voir à la pause !

Ben rejoint Julie et Théo pendant sa pause.

Tu n'y arriveras pas, c'est trop compliqué. Tu es trop petit pour apprendre à jouer du piano...

Que se passe-t-il, Ben ? Tu es triste ?
ÉCOLE
COURS DE PIANO

C'est vraiment difficile, le piano ! J'ai envie d'abandonner...
Ben, ça fait seulement trente minutes que tu apprends le piano !
Théo a raison, Ben, c'est trop tôt pour décider.

Vous avez raison, les amis. Je vais terminer la leçon avant de décider.
ÉCOLE
COURS DE PIANO

30 minutes plus tard...
Et puis, Ben, comment s'est passée la fin de la leçon ?
C'est trop compliqué pour moi. Je n'arrive pas à mémoriser les touches et les notes. Je n'arriverai pas à jouer du piano.
Ne sois pas triste, Ben, il y a certainement une solution.

Virgil tire sur les partitions de Ben. Il veut lui montrer quelque chose.
Aide Ben à choisir un mot qui lui permettra de réussir.

DÉPASSEMENT DE SOI*
TRAVAIL D'ÉQUIPE*
PARTAGE*

Ben choisit le dépassement de soi* et se lance le défi d'apprendre à jouer du piano, peu importe les difficultés qu'il rencontrera.

Je vais y arriver !
DÉPASSEMENT DE SOI*
TRAVAIL D'ÉQUIPE*
PARTAGE*

Do, ré, mi, fa, sol, la, si, do...

Do, ré, mi, fa, sol, la, si, do...

Tu fais des progrès, Ben !

Mardi
Do, ré, mi, fa, sol, la, si, do...

Mercredi

Jeudi
Z Z z z
21:00
Z Z z z
C'est beau, Ben ! Pourras-tu me montrer ?
Avec plaisir, Théo, mais c'est beaucoup de travail !

Ben, tu sais maintenant jouer un morceau de piano ! C'est génial !

Ben a fait de gros efforts
pour apprendre le piano.
Il sait maintenant lire une
partition et jouer un morceau.
Il est très fier de lui !

J'ai travaillé tellement fort, Julie. À plusieurs reprises, j'ai pensé abandonner, mais grâce à la persévérance, au travail et surtout au désir de réussir, j'y suis arrivé !
Wow ! Il est vraiment inspirant, mon grand frère...

Définitions :

* Dépassement de soi :
Fait d'aller au-delà de ses propres limites.

* Entreprendre :
Commencer quelque chose.

* Partage :
Fait de donner à quelqu'un une partie de ce qui est à soi.

* Travail d'équipe :
Fait de réaliser un projet en groupe, en travaillant ensemble.

Réponses :

1. Ben suit ses leçons de piano à l'école.

2. La maman de Ben le conduit à ses cours.

3. Pour que Ben n'abandonne pas ses cours de piano.

4. Ben choisit de se dépasser et fait beaucoup d'efforts pour apprendre à jouer du piano.

5. Les réponses positives appuyées par des arguments cohérents sont bonnes.

6. Il y a sept fenêtres sur la façade de l'école.

Questions :

1. À quel endroit Ben suit-il ses leçons de piano ?

2. Qui conduit Ben à ses cours ?

3. Pourquoi Julie encourage-t-elle Ben ?

4. Que fait Ben pour apprendre à jouer du piano malgré les difficultés ?

5. Que penses-tu du dépassement de soi ? Décris une situation où tu t'es dépassé.

6. Combien de fenêtres comptes-tu sur la façade de l'école, page 53 ?